BEI GRIN MACHT SICH IHR WISSEN BEZAHLT

AF156972

- Wir veröffentlichen Ihre Hausarbeit,
  Bachelor- und Masterarbeit

- Ihr eigenes eBook und Buch -
  weltweit in allen wichtigen Shops

- Verdienen Sie an jedem Verkauf

Jetzt bei www.GRIN.com hochladen und kostenlos publizieren

Bibliografische Information der Deutschen Nationalbibliothek:

Die Deutsche Bibliothek verzeichnet diese Publikation in der Deutschen National-
bibliografie; detaillierte bibliografische Daten sind im Internet über http://dnb.d-
nb.de/ abrufbar.

Impressum:

Copyright © 2019 GRIN Verlag
Druck und Bindung: Books on Demand GmbH, Norderstedt Germany
ISBN: 9783668944008

Dieses Buch bei GRIN:

https://www.grin.com/document/468260

Mark Müller

Brexit und die Auswirkungen auf die deutsche Wirtschaft

Wirtschaftliche Folgen für die deutsche Wirtschaft und den Verbraucher

GRIN Verlag

GRIN - Your knowledge has value

Der GRIN Verlag publiziert seit 1998 wissenschaftliche Arbeiten von Studenten, Hochschullehrern und anderen Akademikern als eBook und gedrucktes Buch. Die Verlagswebsite www.grin.com ist die ideale Plattform zur Veröffentlichung von Hausarbeiten, Abschlussarbeiten, wissenschaftlichen Aufsätzen, Dissertationen und Fachbüchern.

Besuchen Sie uns im Internet:

http://www.grin.com/

http://www.facebook.com/grincom

http://www.twitter.com/grin_com

Der Brexit und die Auswirkungen auf die deutsche Wirtschaft

Schuljahr:2018/19

Inhaltsverzeichnis

Vorwort

Seit nun mehr schon seit fast 3 Jahren warten alle auf das Ergebnis des Brexits. Die Frage, die sich dabei stellt ist, hat dies Auswirkungen auf Deutschland und dessen starke Wirtschaft.

Und wenn ja, welche gäbe es und wie würden sie aussehen?

In dieser Ausarbeitung werde ich genau auf diese Frage eingehen und diese versuchen zu beantworten, natürlich ist dies ein riesiges Thema was sehr viele Aspekte beinhaltet, daher werden wir nur auf ein paar Wirtschaftsbereiche eingehen können, diese währen:

Finanzbranche, deutsche Autohersteller, Chemie-/ Pharmaindustrie anhand von Bayer und zum Schluss welche Konsequenzen es für den Verbraucher, also den Konsumenten haben wird, um so einem einen guten Ausblick auf die Wirtschaftlichen Folgen eines EU Austrittes aufzuzeigen, dabei werden wir Hilfsmittel wie Statistiken, Grafiken und Charts einbeziehen.

Zuallererst möchte ich einen gesamten Überblick über den Verlauf des Brexits zeigen, sodass wir einen gleichen Wissenstand haben werden, um so ein besseres Verständnis für das Thema zu haben.

Der Brexit

Am 23.06.2016 stimmt England bei einem Referendum ab, ob England in der EU bleiben soll oder austreten. Mit knapper Mehrheit wurde entschieden, das England die EU verlassen wird.

Fast ein Jahr später am 29.03.2017 ist es soweit und es wird der EU eine offizielle Austrittserklärung vorgelegt, welche beabsichtigt am 23.03.2019 auszutreten.

Ab da begannen die Verhandlungen mit der EU, welche sich bis heute anhalten. Ein Problem bei der Sache ist das sich die Premierministerin Theresa May sich mit ihrer eigenen Partei und dem Parlament uneins sind, ob England die EU komplett verlassen soll, also auch den gesamten Binnenmarkt. Im Verlauf des Brexits hat die Premierministerin oft einen Brexit- Vertrag vorgelegt, welcher aber bisher immer vom Parlament abgelehnt wurde. Mittlerweile sind die Fronten so verhärtet das May angekündigt hat bei einer erfolgreichen austreten Englands aus der EU (mit Vertrag), dass sie ihr Amt als Premierministerin ablegen wird und zurücktreten wird.

Zu dem vereinbarten Austrittstermin am 23.03.2019 kam es nicht. Man hat sich darauf geeinigt bis zum 12.04.2019 eine Verlängerung zu haben, um nochmals Verhandlungen zu führen, doch auch bisher ohne Erfolg.[1]

Problematisch ist, dass am 26.05.2019 die Europawahlen stattfinden und bis dahin möchte man das England die EU verlassen hat, da sonst die Engländer an der Wahl teilnehmen müssten, um dann später doch auszutreten.

Neusten Erkenntnissen zufolge verlangt England eine Verlängerung bis Juni, doch ob das gelingt entscheidet sich am 12.04.2019

Bis jetzt gibt es 3 Optionen für England, dies währen:

1. Weitere Verlängerung bis Juni

2. Erneutes Referendum und damit vielleicht der Verbleib in der EU

3. No-Deal Brexit

4. Brexit mit vereinbarten Regelungen

---

[1] Vgl. Landeszentrale für politische Bildung: Brexit - Großbritannien verlässt die EU https://www.lpb-bw.de/brexit.html (Stand: 05.04.2019)

Von diesen vier möglichen Optionen scheinen drei und vier am wahrscheinlichsten, da die EU selbst kein Interesse mehr hat England noch mehr Zeit einzuräumen und der Wahlkampf für die Europawahlen ansteht und das heißt man muss Stärke zeigen, um Wähler für sich zu gewinnen.

Oder das englische Parlament entscheidet sich doch für die ausgehandelten Vereinbarungen zu akzeptieren und es zu einem geordneten Austritt kommt.

Wirtschaft

Finanzbranche

Der Finanzsektor in England macht einen großen Teil des Bruttoinlandproduktes aus. Dies liegt daran das es sehr viele namhafte Banken in England, vor allem aber in London vertreten sind, um hier mal ein paar zu benennen: Goldman Sachs, JPMorgan, HSBC, UBS, ...

Die Bruttowertschöpfung des Finanzsektors lag 2017 bei 7,1%[2] und trägt somit zu 12%[3] der gesamten Wirtschaftsleistung bei , dieser könnte in Zukunft um einiges geringer ausfallen, da die Banken schon vor geraumer Zeit angefangen haben sich aus England zurückzuziehen und neue Standorte zu suchen, ein Beispiel ist die HSBC, welche jetzt schon bereits ihre Angestellten aus England abzieht und in andere EU Mitgliedsstaaten verlegt. Auch die Amerikanische Großbank Goldman Sachs möchte ihre Mitarbeiter Zahl in England halbieren.[4]

Viele Banken haben Angst davor das sie keinen Zugriff mehr zum Europäischen Binnenmarkt bekommen und somit es für sie um einiges umständlicher wird Geschäfte innerhalb der EU zu machen, oder sogar im Falle eines No-Deal Szenario gar keinen Zugriff mehr zu haben.

Aus diesem Grund wird nach einem Brexit und auch jetzt schon die Zahl an Personen, welche im Finanzsektor arbeiten sehr schwinden beziehungsweise umverlegt auf andere EU- Mitgliedsstaaten und von den jetzigen Hunderttausenden Menschen im Finanzgewerbe wird nur noch ein Bruchteil übrigbleiben.

Vorteil hat dies für den Staat, denn sollte eine Bank ihren Hauptsitz aus London abziehen und beispielsweise ihn nach Frankfurt verlagern so sind sie hier in Deutschland Steuerpflichtig und somit werden mehr Steuereinnahmen erwirtschaftet. Ebenfalls sollte man nicht unterschätzen das die Angestellten ebenfalls dann hier in Deutschland steuerpflichtig sind. Ein weiterer Faktor

---

[2] Statista, Anteil des Finanzsektors an der Bruttowertschöpfung Großbritanniens von 1995 bis 2017, https://de.statista.com/statistik/daten/studie/309588/umfrage/anteil-des-finanzsektors-am-bip-grossbritanniens/ (Stand: 05.04.2019)

[3] Handelsblatt, Die Furcht vor der Kettenreaktion - Seite 2 von 2: Erste Abwanderung im Frühjahr erwartet https://www.handelsblatt.com/finanzen/banken-versicherungen/brexit-folgen-fuer-banken-erste-abwanderung-im-fruehjahr-erwartet/19242762-2.html?ticket=ST-1185732-BYZ0yBXnwQVoCF6LfwGE-ap6 (Stand: 06.04.2019)

[4] Vgl.: Ntv, Großbanken zieht es in die EU, https://www.n-tv.de/wirtschaft/Grossbanken-zieht-es-in-die-EU-article19588632.html (Stand: 05.04.2019)

ist das somit Knowhow nach Deutschland kommt, was der derzeitigen Bankenlandschaft in Deutschland Konkurrenz macht und somit vielleicht Innovationen „Made in Germany" fördert. Also zum Beispiel die Anwendung der Blockchain Technologie im Finanzsektor, oder schnelleren und einfacheren Zahlungsverkehr.

Auch würden andere EU Länder einen Teil vom Kuchen abbekommen und auch in Zukunft sicherstellen das die EU und Deutschland auch in Zukunft eine wichtige Rolle in der Finanzbranche haben wird und diese Vormachtstellung nicht verlieren wird.

Ebenso könnte dies aber auch einen negativen Aspekt mit sich bringen, denn dadurch das sich mehr Banken im mitteleuropäischen Raum aufhalten werden wird es zu mehr Konkurrenz kommen für die etablierten (deutschen) Banken was dann zu Gewinneinbußen führen kann, im Worst-Case Szenario sogar den Untergang. Denn schaut man sich unsere deutschen Banken an so wird klar, dass sie sich in einer in einer Krise befinden, sei es die Deutsche Bank und Commerzbank welche fusionieren möchte, um somit stärker zu sein oder die NordLB welche durch 200 Millionen Euro Steuergeld gerettet werden soll/muss. Auch könnten viele Bankangestellte ihren Arbeitgeber wechseln, da die Deutsche Bank beispielsweise Bonus Zahlungen eingestellt hat und diese nur noch ausgewählte Manager bekommen und dadurch das mehr Banken kommen wird es schwerer für die etablierten Banken ihre Angestellte zu halten.

Auch sollte man berücksichtigen das wenn sich mehrere große Banken sich in einem Land sammeln, sie sich organisieren in einem Lobbyverband der Banken und dies sehr schnell. Dieser Verband der Banken hätte dann alleine durch ihre große Anzahl und durch die Tatsache das sie sehr viele Arbeitsplätze an ihnen hängen eine große Machtposition, welche dann Druck auf die Regierung ausübt und könnte dann durch Lobbyarbeit dafür sorgen das Gesetze erst gar nicht zu Stande kommen oder sie könnten sie entkernen das sie nichts mehr bringen, welche beispielsweise eigentlich dazu gedacht waren die Finanzbranche zu regulieren.

Auch sollte man nicht vergessen das Banken, so wie jedes andere wirtschaftlich denkende Unternehmen nicht daran interessiert ist ihr Konkurrenz zu stärken.

Heißt im Klartext, dass die Banken sich gegen die Fusion der Deutschen Bank und der Commerzbank dagegenstellen könnten. Sollte dies verhindert werden durch die Banken und es kommt der Fall, dass eines dieser beiden genannten Banken staatliche Rettung in Form von Geld benötigte könnte sich der Fall wie von 2008 wiederholen. Denn damals haben sich auch die Banken gegen die Rettung der Lehman Brother Bank ausgesprochen, was wie sich herausstellte zu einer weltweiten Wirtschaftskrise führte und dafür sorgte das viele Existenzen zerstört wurden.

Investitionen allgemein

Auch werden Investitionen allgemein in Great Britain zurückgefahren seitens von Investoren, da hat vor allem das unsichere Politische Klima in England damit zu verantworten. Denn wenn man sich mal den „Index der wirtschaftspolitischen Unsicherheit" anschaut so wird klar das England im Gegensatz zu anderen EU Ländern nicht sehr „sicher" ist, aus wirtschaftspolitischer Sicht. Denn Theresa May hat angekündigt zurückzutreten, sobald es zu einem geregelten Austritt aus der EU kommt. Auch sind sich die Parteien selbst unsicher, was sie möchten und stehen deshalb nicht hinter ihrer Eigenen Premierministerin. Auch weiß man nicht was in nächster Zeit noch kommen kann und welche politische Richtung eingeschlagen wird.

Kurz um sind es chaotische Situationen im Vergleich zu eher ruhigerem Mitteleuropäischen Raum (Deutschland, Frankreich, …), denn fast jeden Tag gibt es neue Nachrichten zum Brexit verlauf

All diese Unsicherheitsfaktoren werden im sogenannten Index der wirtschaftspolitischen Unsicherheit wiedergespiegelt. (siehe Charts Seite 7)

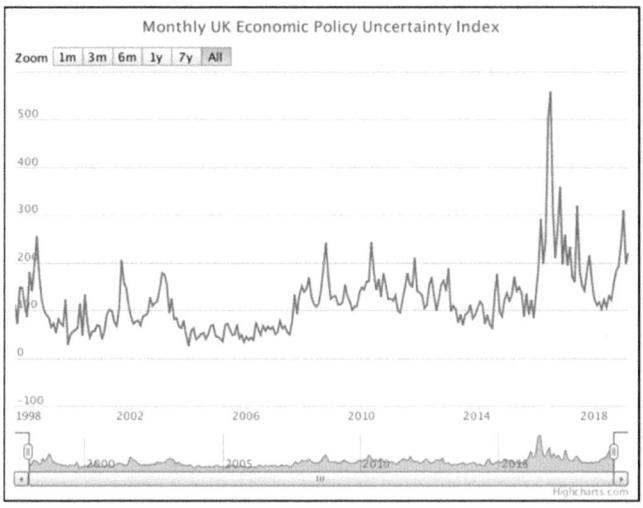

Hier zeigt sich das seit Beginn des Brexit Referendums die Unsicherheit enorm angestiegen ist, zwar gibt es im Allgemeinen auch einen Anstieg auf globaler Ebene (vgl. Global Economic Policy Uncertainty Index) doch in im Vereinigten Königreich (UK) ist die Entwicklung um einiges dramatischer zu diesem Zeitpunkt. Vor allem wenn man sich die deutsche Statistik im Vergleich anschaut.

Dies führt natürlich dazu die Investoren eher abgeneigt sind in das Land zu investieren und sich lieber andere, vor allem politisch sichere Länder aussuchen. Wo sie genau wissen was in nächster Zeit auf sie zukommen könnte.

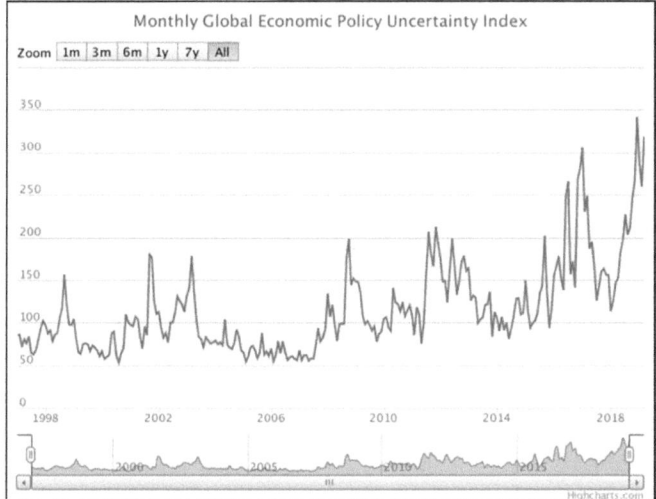

[5] Economic Policy Uncertainty, Economic Policy Uncertainty Index http://www.policyuncertainty.com/ (Stand: 05.04.2019) für die Europäische Statistik muss man sich hier eine Excel Tabelle runterladen und nachschauen: http://www.policyuncertainty.com/europe_monthly.html (Stand: 05.04.2019)

Autohersteller

Auf den ersten Blick scheint es als gäbe es in England keine Autoindustrie doch wenn man genauer hinschaut gibt es sie doch.

Automarken wie Jaguar, McLaren, Aston Martin, Bentley, Rolls Royce und Mini werden alle samt in England produziert, doch warum sollte es Deutschland interessieren was mit englischen Automarken passiert? Immerhin könnte man ja meinen das England ja für den Brexit gestimmt hat und muss somit die folgen davon selbst tragen muss und uns das also nicht betrifft.

Doch diese Annahme ist nicht korrekt den immerhin gehört Bentley zum Volkswagen Konzern, Rolls Royce und Mini zu BMW und Mercedes Benz besitzt große Anteile an Aston Martin, also haben alle großen deutschen Autobauer/-hersteller ihre Finger mit im Spiel und sind auch am Gewinn ihrer in England ansässigen Autobauer/-hersteller interessiert und dass es zu keinen Gewinneinbußen kommt. Denn ohne diese englischen Autohersteller wird ein Teil des Gewinns wegfallen.

Laut dem Handelsblatt hängen allein in Deutschland 60.000 Arbeitsplätze direkt am Autoexport nach Großbritannien und davon wären dann 18.000[6] gefährdet. Sollten diese Arbeitsplätze wegfallen so bräuchten sie Arbeitslosengeld, welche dann von der Arbeitslosenversicherung gestemmt werden muss. Sollte man es nicht schaffen diese ehemaligen Angestellten nicht woanders unterzubringen so wird dann nach ein bis zwei Jahren der Staat durch Arbeitslosengeld zwei dann für sie aufkommen müssen und hier auch noch Umschulungen anbieten und zahlen müssen. Auch sind die Autobauer/-hersteller selbst direkt davon betroffen denn diese müssen gegebenenfalls die Produktion aus England abziehen und nach Deutschland oder ein anderes EU Mitgliedstaat verlagern. Dazu müssen sie investieren und diese Investitionen fehlen dann an anderer Stelle und tragen somit zu Gewinnminimierung bei, was somit bedeutet das die Firma an Börsenwert verlieren wird und auch weniger Steuern zahlen wird, was dann wiederum den Staat betrifft.

Und dadurch das ein relativ „kleines" Land die EU verlässt rüttelt sie trotzdem an dem Standbein der Deutschen Wirtschaft.

Auch darf man nicht vergessen das auch Autos aus Deutschland nach England exportiert werden und kommt es nun zu einem Austritt von England aus der EU kann es sein das es Zölle auf

---

[6] Hubik, Franz: Deutsche Autoexporte in Gefahr: https://tool.handelsblatt.com/specials/brexit/ (Stand: 06.04.2019)

Autoimporte geben wird, was dann dafür sorgt das die Preise der Autos steigen, somit sinkt der Absatz und dies hat direkte folgen auf die deutschen Autobauer/ -hersteller.

Und das bringt uns zum allgemeinen Thema Export/ Import

Import/ Export von Deutschland und England

Deutschland der Exportweltmeister lautet ein weitverbreitetes Sprichwort, also kann man sich schon bei diesem Spruch denken das wenn es zu Exporthindernissen kommt die deutsche Wirtschaft darunter leiden wird. Denn immerhin möchten manche im englischen Parlament komplett aus dem Europäischen Binnenmarkt raus.

Hier mal ein allgemeiner Blick was alles von Deutschland nach England exportiert wird. (Siehe Grafik[7])

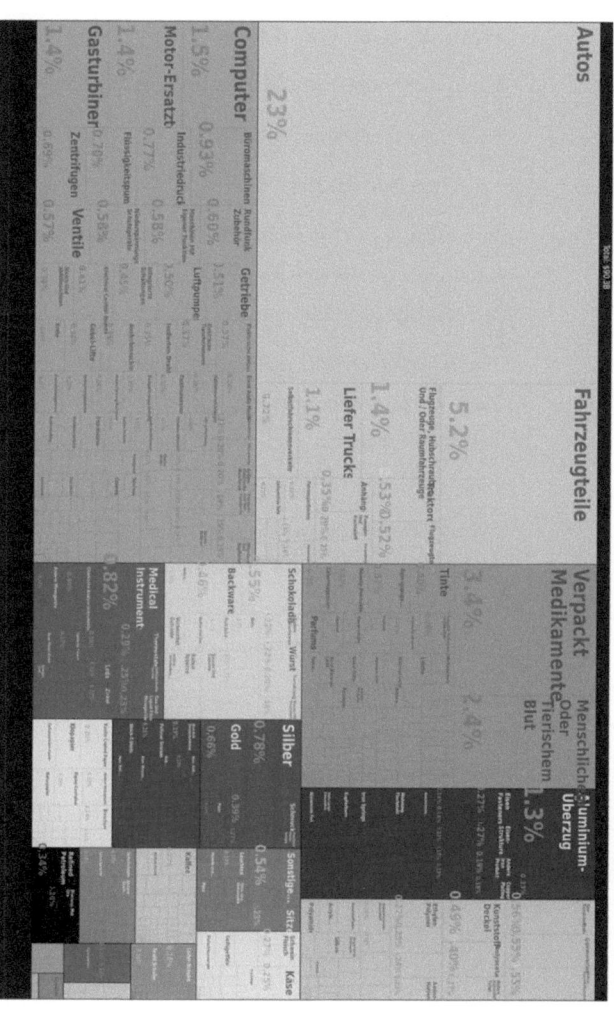

[7] The Observatory of Economic Complexity by Alexander Simoes, What does Vereinigtes Königreich import from Deutschland? (2017): https://atlas.media.mit.edu/de/visualize/tree_map/hs92/import/gbr/deu/show/2017/ (Stand: 07.04.2019)

Der Europäische Binnenmarkt

Im Allgemeinen spricht man von 4 Freiheiten[8]:

- der Freiheit der Waren,

- der Freiheit von Dienstleistungen,

- der Freiheit der Arbeitskräfte

- Freiheit des Kapitals

In diesem Kapitel beschäftigen wir uns mit der Freiheit der Waren, in späteren Kapiteln werde ich noch auf die anderen eingehen.

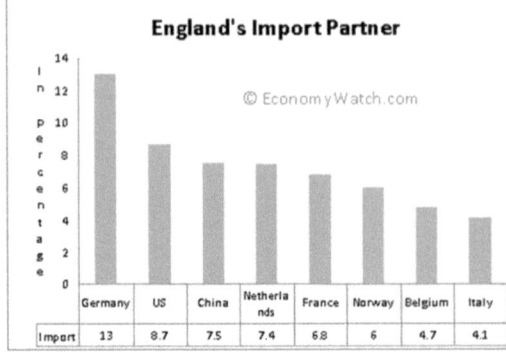

[9]Doch auch hier stellt sich wieder einmal die Frage ob es erwähnenswert wäre darüber zu berichten, immerhin ist England ein kleines Land.

Schaut man sich Statistiken und zahlen an so merkt man das England ein wichtiger Handelspartner von Deutschland ist. Also das beide Ökonomien stark verknüpft und abhängig voneinander sind.

Denn im Jahr 2018 wurden Exportgüter im Wert von 82.005.616.000 € von Deutschland nach England exportiert. Von England nach Deutschland wurden Importgüter im Wert von 36.967.616.000 €[10] importiert. Kommt es nun zu einem Austritt Englands aus der EU und auch aus dem Binnenmarkt so könte es erstmal zu einem kompletten stopp vom Warenverkehr kommen, denn wenn England ungeordnet austritt,

---

[8] Schulunterlagen, Mojica, Der Binnenmarkt

[9] ECONOMYWATCH CONTENT, England Trade, England Exports, England Imports: http://www.economywatch.com/world_economy/england/export-import.html (Stand: 07.04.2019)

[10] Statistisches Bundesamt, Wiesbaden: Export nach und Import aus Großbritannien: https://www.auwi-bayern.de/Europa/Grossbritannien/export-import-statistik.html (Stand: 07.04.2019) (Auch Beide Grafiken S.11)

müssen erstmal neue Regelungen getroffen werden und diese würden Zeit in Anspruch nehmen. Aus diesem Grund bereitet sich England auch schon darauf vor und importieren große Mengen an Medikamenten nach England.

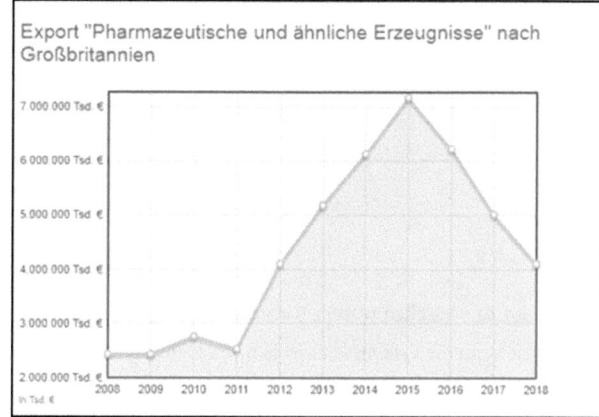

Auch hört man in den Medien, dass Engländer angefangen haben Hamsterkäufe zu tätigen, also sich eindecken mit Lebensmitteln und anderen essenziellen Waren.

Wie die Grafik zeigt exportiert Deutschland einen großen Teil an Chemischen Erzeugnissen nach England und „Pharmazeutische und ähnliche Erzeugnisse" und wenn man an Deutschland und Chemie und Pharmazie denkt, dann kommt einem sofort Bayer in den Gedanken. Beide Waren gehören zum Repertoire der Bayer AG und bilden das Hauptge-

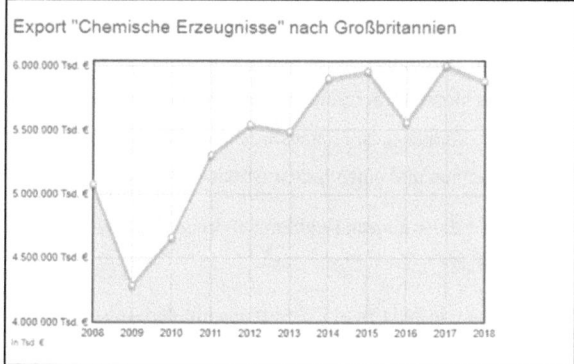

schäft somit trägt es zu einem sehr großen Anteil am Gewinn bei.

Aus diesem Grund hat Bayer bereits jetzt schon Maßnahmen getroffen und in England Lagerflächen errichtet für Vorräte, da auch sie davon ausgehen das die Möglichkeit besteht, dass es zu einem No-Deal Brexit kommen könnte.[11]

---

[11] Vgl. Finanzen.net, Bayer stellt in Großbritannien weitere Lagerflächen für Vorräte bereit, Die Bayer AG hat in Großbritannien zusätzliche Lagerflächen für die Anlage von Vorräten bereitgestellt: https://www.finanzen.net/nachricht/aktien/brexit-sorgen-bayer-stellt-in-grossbritannien-weitere-lagerflaechen-fuer-vorraete-bereit-6488110 (Stand: 07.04.2019)

Also erkennt man an den Zahlen und Statistiken sehr deutlich das es auf jeden Fall erstzunehmende Auswirkungen auf den Exportweltmeister Deutschland haben wird und das auf jeden erdenklichen Wirtschaftssektor.

Privatperson/ Verbraucher als Konsument

Flugreisen

Um zu verstehen warum Airlines betroffen sind muss man wissen das es Verkehrsrechte gibt, das heißt die Erlaubnis zwischen den Lufträumen zu bewegen (fliegen). Sind die Aktionäre also mehrheitlich in England ansässig, so könnten britische Airlines Probleme mit ihrer Zulassung für den Europäischem Luftraum bekommen.

Tritt England also aus der EU aus, gelten die vereinbarten Regelungen nicht mehr und es müssen neue ausgehandelt werden. Beiden Staaten (England und EU) haben daran aber kein Interesse daran, dass es zu einem Stillstand des Flugverkehrs kommt. Aus diesem Grund hat man beschlossen Übergangsregeln zu vereinbaren, welche also bis Ende 2020 gelten sollen.[12] Trotzdem könnte es zu Flugausfällen und Stornierungen kommen sollte England die Vereinbarungen ablehnen und einen harten Brexit vollziehen.

Aber diese ganzen Regelungen bringen nichts wenn der Personenverkehr allgemein nicht geregelt ist.

Also wie sieht es in Zukunft aus mit dem reisen wird man ein Visum benötigen?

Laut der EU soll es keine Visumpflicht für die Einreise nach England geben, darauf hatte man sich von Europäischer Seite geeinigt. Heißt also, dass man auch in Zukunft mit seinem Personalausweis einreisen soll.[13] Also ist es nun abhängig wie England bestimmt und es schafft Regelungen bzw. ein Abkommen mit der EU zu vereinbaren.

---

[12] Vgl.: Handelsblatt: Europäische Fluggesellschaften und Drehkreuze gewinnen an Bedeutung, Europäische Airlines benötigen mit dem Brexit neue Verkehrsrechte. Einzelne planen, ihre britischen Aktionäre zu entmachten.: https://tool.handelsblatt.com/specials/brexit/ (Stand: 07.04.2019)

[13] Vgl.: DRV, die Reisewirtschaft in Deutschland: Brexit, REISEBRANCHE STELLT SICH AUF DEN BREXIT EIN: https://www.drv.de/politik/brexit.html (Stand: 07.04.2019)

Währung

Transaktionen oder Einkäufe werden in Zukunft stark von der Währung beeinflusst sein, denn schaut man sich den Chart (Siehe Seite 13) an so sieht man das es starke Ausschläge gibt, welche durch Entscheidungen seitens der Politik bestimmt werden und diese nicht vorhersehbaren Ausschläge werden auf jeden Fall noch während und nach dem Brexit anhalten und so wird es für den Verbraucher schwerer sein Waren oder Dienstleistungen umzurechnen, um den Wert zu erkennen zu können.

Beim folgenden Chart habe ich den Wechselkurs Pfund und Euro, um zu verdeutlichen welchen Einfluss politische Entscheidungen haben, habe ich ein paar wichtige Schlüsselereignisse markiert, um so ein besseres Bild zu vermitteln.

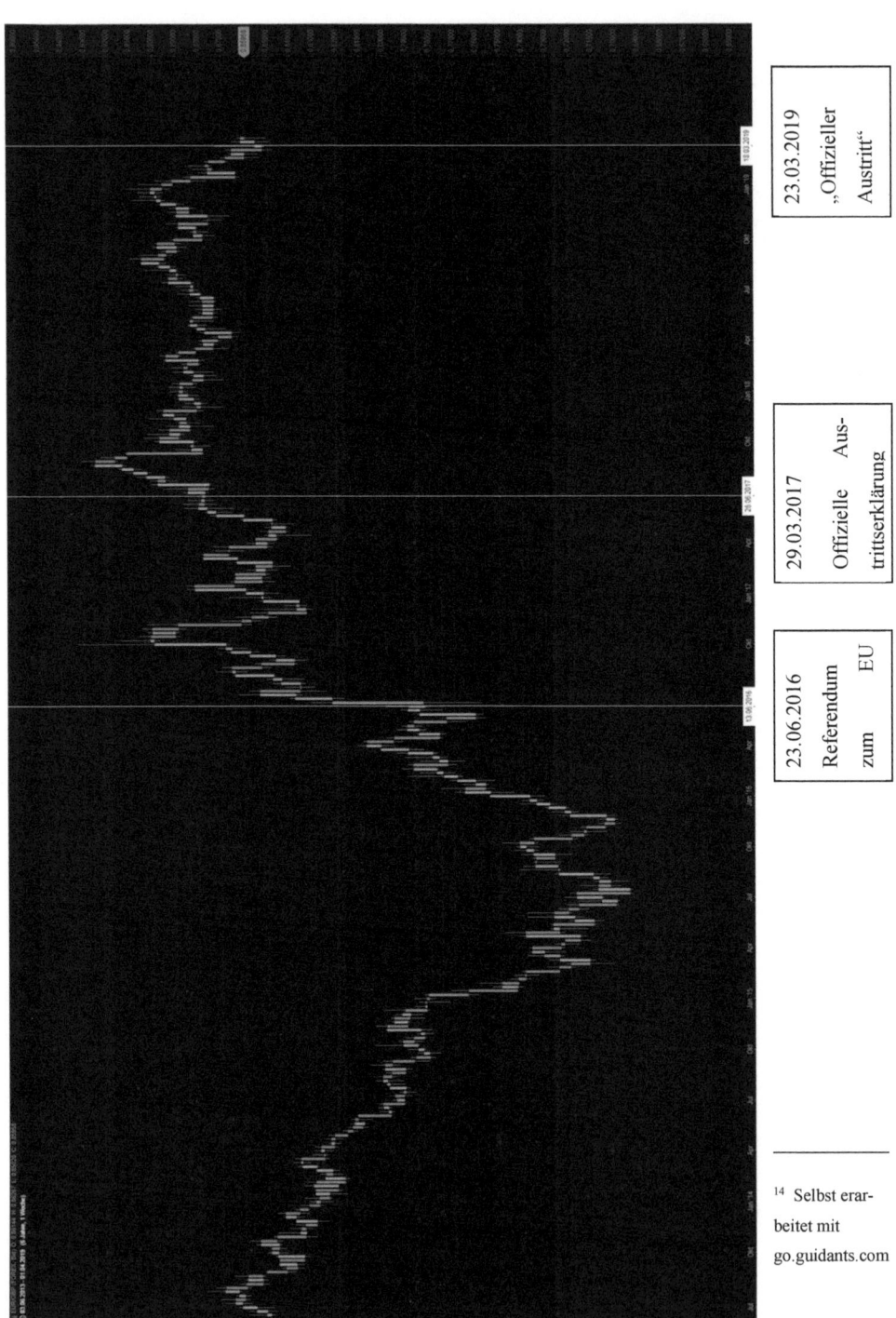

23.03.2019
„Offizieller
Austritt"

29.03.2017
Offizielle Aus-
trittserklärung

23.06.2016
Referendum
zum EU

[14] Selbst erar-
beitet mit
go.guidants.com

Der Zahlungsverkehr

In Europa gilt die SEPA, also die Single Euro Payments Area, diese trägt dazu bei, dass der Zahlungsverkehr in der EU zu vereinheitlicht ist und somit einfacher. Doch was passiert nach dem Brexit?

Auch auf diese Frage gibt es keine explizierte Antwort, denn SEPA gibt es auch außerhalb der EU, also könnte man auch solch ein Abkommen machen. Nun hängt auch hier alles von England ab. Nur eins lässt sich sagen, sollte England darauf verzichten, wird es in Zukunft für jedermann schwieriger Überweisungen nach England zu tätigen.

Kapital in England nach dem Brexit

Hier ist etwas Vorsicht geboten, denn auf der einen Seite sind Einlagen bis 75.000 Pfund abgesichert, doch wegen des Wechselkurses kommt es hier ebenfalls zu Ausschlägen und könnte daher den von der EU festgelegten 100.000€ nicht entsprechen.[15] Wie es aber in Zukunft mit dem Zugriff auf Kapital in England aussieht lässt sich derzeit nicht sagen, das einzige was man machen kann ist abwarten und auf Regelungen hoffen.

---

[15] Hauck und Aufhäuser Prvatbankiers seit 1796, Brexit- Folgen für den Alltag und auf Reisen: https://www.hauck-aufhaeuser.com/newsroom/2019/02/brexit-folgen-fuer-den-alltag (Stand: 07.04.2019)

Schlusswort

Wie man nach dem Lesen dieser Ausarbeitung feststellt ist vieles abhängig von den Verhandlungen der EU mit England. Problematisch dabei ist das England beziehungsweise das englische Parlament sich uneins sind was sie wirklich möchten, deshalb lässt sich leider nur spekulieren was in Zukunft auf Deutschland und deren Wirtschaft zukommen wird.

Sagen lässt sich nur das die EU am meisten daran interessiert ist das es zu keinen großen wirtschaftlichen Schäden kommt, denn immerhin wird die EU und deren Mitbürger darunter leiden und das würde sich negativ auf Wahlergebnisse ausdrücken.

Erwähnenswert ist noch das es der Geschichte der EU noch nicht vorkam das ein Land ausgetreten ist, ansonsten hätte man sich daran orientieren können und vergleiche mit der Vergangenheit machen zu können.

Was dieses Thema meiner Meinung nach verbildlicht ist das Spiel Jenga, zum Verständnis: Man baut aus Holzklötzen einen Turm und fängt dann an diese Holzklötze herauszuziehen, dabei weiß man nicht im Voraus ob der Turm durch das herausziehen einstürzt, man kann nur Vermutungen aufstellen und hoffen das es hält.

Dies spiegelt den Brexit sehr gut, denn jeder hofft das die deutsche Wirtschaft das Standhält, wenn ein wichtiger Handels- & Wirtschaftspartner einen verlässt, doch erst im Nachhinein wird sich zeigen ob es im schlimmsten Fall zu einer Wirtschaftskrise kommt, oder welche Folgen es wirklich haben wird.

Literaturverzeichnis

-geordnet nach Alphabet-

1. DRV, die Reisewirtschaft in Deutschland: Brexit, REISEBRANCHE STELLT SICH AUF DEN BREXIT EIN: https://www.drv.de/politik/brexit.html (Stand: 07.04.2019)

2. Economic Policy Uncertainty, Economic Policy Uncertainty Index http://www.policyuncertainty.com/ (Stand: 05.04.2019) für die Europäische Statistik muss man sich hier eine Excel Tabelle runterladen und nachschauen: http://www.policyuncertainty.com/europe_monthly.html (Stand: 05.04.2019)

3. ECONOMYWATCH CONTENT, England Trade, England Exports, England Imports: http://www.economywatch.com/world_economy/england/export-import.html (Stand: 07.04.2019)

4. Finanzen.net, Bayer stellt in Großbritannien weitere Lagerflächen für Vorräte bereit, Die Bayer AG hat in Groß-britannien zusätzliche Lagerflächen für die Anlage von Vorräten bereitgestellt: https://www.finanzen.net/nachricht/aktien/brexit-sorgen-bayer-stellt-in-grossbritannien-weitere-lagerflaechen-fuer-vorraete-bereit-6488110 (Stand: 07.04.2019

5. Handelsblatt: Europäische Fluggesellschaften und Drehkreuze gewinnen an Bedeutung, Europäische Airlines benötigen mit dem Brexit neue Verkehrsrechte. Einzelne planen, ihre britischen Aktionäre zu entmachten.: https://tool.handelsblatt.com/specials/brexit/ (Stand: 07.04.2019)

6. Handelsblatt, Die Furcht vor der Kettenreaktion - Seite 2 von 2: Erste Abwanderung im Frühjahr erwartet https://www.handelsblatt.com/finanzen/banken-versicherungen/brexit-folgen-fuer-banken-erste-abwanderung-im-fruehjahr-erwartet/19242762-2.html?ticket=ST-1185732-BYZ0yBXnwQVoCF6LfwGE-ap6 (Stand: 06.04.2019)

7. Hauck und Aufhäuser Prvatbankiers seit 1796, Brexit- Folgen für den Alltag und auf Reisen: https://www.hauck-aufhaeuser.com/newsroom/2019/02/brexit-folgen-fuer-den-alltag (Stand: 07.04.2019

8. Hubik, Franz: Deutsche Autoexporte in Gefahr: https://tool.handelsblatt.com/specials/brexit/ (Stand: 06.04.2019)

9. Landeszentrale für politische Bildung: Brexit - Großbritannien verlässt die EU https://www.lpb-bw.de/brexit.html (Stand: 05.04.2019)

10. Ntv, Großbanken zieht es in die EU, https://www.n-tv.de/wirtschaft/Grossbanken-zieht-es-in-die-EU-article19588632.html (Stand: 05.04.2019)

11. Selbst erarbeitet mit go.guidants.com

12. Schulunterlagen, Mojica, Der Binnenmarkt

13. Statistisches Bundesamt, Wiesbaden: Export nach und Import aus Großbritannien: https://www.auwi-bayern.de/Europa/Grossbritannien/export-import-statistik.html (Stand: 07.04.2019) (Auch Beide Grafiken S.11)

14. Statista, Anteil des Finanzsektors an der Bruttowertschöpfung Großbritanniens von 1995 bis 2017, https://de.statista.com/statistik/daten/studie/309588/umfrage/anteil-des-finanzsektors-am-bip-grossbritanniens/ (Stand: 05.04.2019)

15. The Observatory of Economic Complexity by Alexander Simoes, What does Vereinigtes Königreich import from Deutschland? (2017): https://atlas.media.mit.edu/de/visualize/tree_map/hs92/import/gbr/deu/show/2017/ (Stand: 07.04.2019)